우승이
멀려가봤자

La collec' des filles

Illustrations de
Isabelle Maroger

Les Zaripoteuses

Gudule

Éditions Lito

Les ingrédients du philtre d'amour

Envoûtement n° 1

1• Du Coca
2• De la barpapa
3• Des pop-corn
4• Des allumettes
5• Le chapeau
6• La baguette

Chapitre 1
Le club

C'est Zoé qui a eu l'idée… Enfin, je crois. À moins que ce ne soit Lola ou moi, je ne me rappelle plus exactement. Mais c'était le jour de la fameuse colle, ça, j'en suis sûre !

Zoé pleurait, assise sur les marches de la cantine. Quand je me suis approchée d'elle pour la consoler, elle m'a dit en reniflant :

– Oh, cette punaise, je voudrais l'étrangler !

Je ne lui ai pas demandé de qui elle parlait pour la bonne raison que je le savais. La punaise en question était la prof de maths, Mlle Duglou, une asperge à lunettes vraiment antipathique. Entre elles deux, la guerre était déclarée depuis le début de l'année et, bien entendu, l'asperge avait le dessus. Parce que la voilà, la grande injustice de l'école : quand un élève déteste un prof, il se contente de bâiller pendant ses cours ou de lui donner des surnoms genre « vache folle », « tronche-de-spam », « débouche-lavabo », « asperge » – ce qui est bien innocent, si on y réfléchit. Tandis que les profs, eux, ont tout un arsenal de représailles sadiques à leur disposition : colles, mauvais points, conseil de classe, carnet de correspondance, renvoi, etc. Et forcément, ils en abusent !

– Tu te rends compte, me coller mercredi après-midi, alors qu'il fait si beau ! hoquetait Zoé. Et pourquoi ? Une pauvre petite leçon de rien du tout pas apprise…

Elle a lancé un regard noir en direction de la prof qui surveillait la récré, la conscience apparemment tranquille.

– D'autant que j'avais une bonne excuse, a-t-elle ajouté en soupirant. On donnait Harry Potter à la télé. Comment j'aurais pu, en même temps, mater le film ET étudier, tu peux me le dire ? Je ne suis pas magicienne, moi ! J'ai pas le don de double vue !

Logique. Non seulement les profs nous persécutent, mais ils exigent de nous des performances réellement surhumaines !

Je la tapotais dans le dos pour lui exprimer ma solidarité lorsque Lola est arrivée. Elle ne paraissait pas très en forme, elle non plus.

– J'en ai marre de ma mère, a-t-elle déclaré, en s'installant près de nous.

– T'en as de la chance ! a rétorqué Zoé du tac au tac. Moi, ma mère, je ne sais même pas où elle est !

Depuis le divorce de ses parents, Zoé vivait seule avec son père, et sa mère lui manquait beaucoup. D'habitude, elle n'aimait pas aborder ce sujet, mais là, en plus de la colle, ça faisait vraiment trop. Fallait qu'elle se soulage.

– Tu ne vas jamais la voir ? a demandé Lola.

– Elle habite les États-Unis !

– Et elle ne t'écrit pas ?

– Si, de temps en temps une carte. Chaque fois d'un endroit différent, mais avec toujours la même formule : « Je pense à toi, sois sage, je t'embrasse, maman. »

On a échangé un coup d'œil navré, Lola et

moi. À côté de ça, nos petites misères nous semblaient dérisoires. Et pourtant…

Pourtant, pour nous non plus, la vie n'était pas simple !

Lola voulait être star, quand elle serait grande. Malheureusement, ses parents ne prenaient pas sa vocation au sérieux. Primo, ils refusaient de l'inscrire dans une agence de casting, ce qui lui aurait permis de commencer sa carrière tout de suite (« Dans ce métier, plus on débute tôt, plus on a de chances de réussir », avait déclaré Vahiné Clafoutis, la gagnante d'*Idole Académie*, dans une interview à *Télé-djeunes*.) Et deuzio, sa mère ne lui achetait que des jeans.

Ce jour-là justement, Lola avait repéré une robe de rêêêve dans la vitrine de chez Tip Top. Elle s'était empressée de la montrer à sa mère, mais tout ce que celle-ci avait trouvé à répondre, c'est : « Tu as vu le prix ? »

– Ce n'est pas en étant sapée comme une truffe que je taperai dans l'œil d'un producteur ! a conclu Lola, effondrée.

Mettez-vous à sa place : par radinerie, sa mère était en train de compromettre son avenir. Notre indignation, à Zoé et moi, l'a un peu réconfortée, mais elle est quand même restée triste jusqu'au soir.

Quant à moi…

Moi, mon problème était tout aussi grave, mais d'une autre nature : j'avais des peines de cœur. Depuis la rentrée, je ne pensais qu'à Théo. Il était tellement beau ! Un mélange de Leonardo di Carpaccio et de Grégory Floux, le présentateur de l'émission *Profession vedette*. Je rêvais de lui la nuit, je marquais son nom dans les marges de mes cahiers, et dès qu'il m'adressait la parole, j'avais la chair de poule.

Manque de bol, il ne m'adressait JAMAIS la parole. Devant lui, j'avais l'impression d'être transparente. Pire, même : invisible. Aussi intéressante qu'une crotte de pigeon.

Une fois, une seule, il m'avait parlé (c'est comme ça que je savais, pour la chair de poule). Il poursuivait le gros Louis, à la récré, et moi, je courais en sens inverse. On s'était méchamment télescopés et j'avais volé par terre.

– Eeeeh ! Ça va pas ? avais-je crié.

Alors lui, sans même ralentir :

– Tu ne peux pas regarder devant toi, espèce d'empotée ?

Par la suite, je n'ai pas arrêté de me re-raconter cette scène, mais avec des variantes. Suivant l'inspiration du moment, soit il se jetait à mes pieds pour me demander pardon, soit il m'aidait à me relever et nous partions tous deux main dans la main, soit (ma version préférée) le choc était si rude que je tombais dans les pommes et, pour me ranimer, il était obligé de me faire du bouche-à-bouche. Dans les trois cas, l'histoire se terminait de la même façon : il tombait follement amoureux de moi.

Hélas, l'imagination a des limites. Au premier baiser échangé, la réalité rappliquait dare-dare, brisant mon beau rêve. Et je me retrouvais aussi seule, aussi délaissée qu'une crotte de pigeon. Aimer sans espoir, je ne connais rien de plus terrible quand on a treize ans et un cœur grand comme ça !

Vous l'avez compris, Zoé, Lola et moi n'étions pas satisfaites de nos vies respectives. C'est pourquoi, ce jour-là, l'une d'entre nous – je ne me souviens plus laquelle – a suggéré :

– Si on essayait de tout changer ?

– Comment ? ont demandé les deux autres.

– Ben… par la magie, tiens ! Comme dans Harry Potter !

Le projet nous a plu.

– On va fonder un club !

– Le club des Magiciennes !

– Non, des Sorcières, plutôt !

– Pfff, les sorcières, c'est pour les gosses… Que pensez-vous des Zaripoteuses ?

Le nom était trop cool. On l'a adopté à l'unanimité. Restait à le mettre en pratique, et ça, c'était le plus dur !

Chapitre 2
La quête

Comment s'y prend-on pour faire de la magie ? Cette question nous a turlupinées pendant un bon moment jusqu'à ce que je propose :

– Allons à la bibliothèque.

Le moins qu'on puisse dire est que ma suggestion n'a pas suscité un grand enthousiasme.

– À la bibliothèque ? a répondu Zoé du bout des lèvres.

– Pour quoi faire ? a ajouté Lola en fronçant le nez.

On n'avait pas idée d'être aussi bêtes !

– Vous le faites exprès ou quoi ? Les formules magiques se trouvent bien dans les livres, non ?

– Euh… oui.

– Et des livres, où est-ce qu'il y en a le plus ?

Mon air triomphant n'a pas dû leur plaire, parce que Zoé a haussé les épaules et Lola a regardé ailleurs. N'empêche qu'à la récréation suivante, on s'est quand même pointées au CDI.

Comme j'étais la seule à m'y connaître en littérature, c'est moi qui ai pris la direction des opérations.

– On va se répartir la tâche. Lola va chercher dans la presse, Zoé dans les romans, et moi dans les documentaires. La première qui repère quelque chose d'intéressant avertit les deux autres.

Manque de bol, lorsque la cloche a sonné, on n'avait toujours rien trouvé.

– Ce n'est pas le bon moyen, a décrété Zoé tandis que nous regagnions le rang. Des histoires de magiciens, il y en a des tas, mais elles ne donnent aucune indication pratique !

– Pareil pour les articles, a approuvé Lola. Ce qu'il nous faudrait, c'est un VRAI livre de sorcellerie. Et, franchement, ça m'étonnerait qu'on dégote ce genre de truc au CDI.

Elles n'avaient pas tort. Mais moi, je tenais à mon idée.

– Ce soir, nous irons à la médiathèque : il y a beaucoup plus de choix !

J'ai été si persuasive qu'à quatre heures et demie, on poussait toutes les trois la grande porte vitrée. Et cinq minutes plus tard, chacune de nous fouillait les rayonnages qui lui avaient été attribués.

Bilan des recherches : les cinq tomes des *Aventures de l'Enchanteur Merlin* en BD, un *Science et Vie* consacré aux pouvoirs occultes d'hier et d'aujourd'hui, et un *Manuel pour transcender son existence* signé Sœur Marie des Anges.

On est rentrées chez nous avec notre butin, et chacune s'est plongée dans sa lecture avec mission d'en faire un résumé le lendemain. Tant pis pour les devoirs, les leçons et le programme de télé. (Personnellement, j'ai lu jusqu'à deux heures du mat', sous ma couette, à la lueur de la lampe de poche.)

Résultat des courses : néant.

L'Enchanteur Merlin narrait des exploits chevaleresques passionnants, mais sans aucun rapport avec notre problème.

Le *Science et Vie*, on n'y comprenait rien.

Le *Manuel pour transcender son existence* était une suite de conseils particulièrement ennuyeux pour soi-disant devenir meilleur.

Nous avons rapporté nos bouquins à la médiathèque, fort désappointées. Non seulement nous n'avions pas avancé d'un pas, mais mes deux copines m'en voulaient à mort : Zoé, d'avoir récolté, par ma faute, une deuxième colle pour sa leçon de maths pas apprise, et Lola d'avoir, toujours à cause de moi, loupé le show de Vahiné Clafoutis, à vingt heures trente, sur la 2. En fait, j'étais la seule à être plutôt contente de ma soirée. Normal : j'adore la bande dessinée.

Suite à ce nouvel échec, Lola a proposé de changer de méthode. Accepté à l'unanimité moins une voix : la mienne. Et Zoé a émis une nouvelle hypothèse :

– Que pensez-vous de ça ?

Elle brandissait un petit papier trouvé le matin même dans sa boîte aux lettres :

Monsieur Mamadou, médium extralucide, guérit les maladies et les chagrins d'amour.

Spécialiste du désenvoûtement, de la fidélité conjugale et de la réussite dans les entreprises.
Prédit également l'avenir.
Venez le consulter de 13 à 18 heures,
23 impasse des Carabins,
au-dessus du coiffeur, troisième étage gauche,
la porte à côté du local à poubelles.

– Wahou ! a approuvé Lola. C'est exactement ce qu'il nous faut !

Je n'étais pas d'accord. Pas d'accord du tout. Et d'un, ce type était un charlatan, ça se voyait comme le nez au milieu de la figure. Et de deux, il n'avait jamais été question qu'on s'adresse à un professionnel de la magie, mais qu'on la pratique, nous.

– Et alors ? s'est écriée Zoé. L'essentiel est que nos affaires s'arrangent, non ? Peu importe de quelle manière !

– Je te signale que monsieur Mamadou est spécialisé dans les chagrins d'amour, a ajouté Lola. T'es directement concernée, ma vieille !

Heureusement, j'ai sorti un argument béton.

– Vous avez le fric pour la consultation ? Un

marabout se paie aussi cher qu'un toubib, au cas où vous ne le sauriez pas. Et ce n'est pas remboursé par la Sécurité sociale !

Ça a jeté un froid.

– Euh… je pourrais peut-être demander de l'argent à ma mère, a murmuré Lola.

– Avare comme elle est ? Tu rêves, ma vieille !

– Si on se cotisait ? a proposé Zoé sans trop y croire. Moi, j'ai trois euros vingt-huit, et vous ?

Lola s'est empressée de fouiller ses poches.

– Un euro tout rond. Et toi, Fantine ?

– Rien du tout ! Pas question que je marche dans votre combine à la noix !

Zoé m'a lancé un regard noir – ce qui, chez une fille aux yeux bleus, est particulièrement spectaculaire.

– Alors, tant pis, a-t-elle sifflé. On se débrouillera sans toi, hein, Lola !

Elles m'ont tourné le dos et sont parties bras dessus, bras dessous, la tête haute. Houlà ! Trois jours à peine après sa création, le club se scindait déjà en deux. Mauvais, ça ! Très mauvais !

– Attendez ! j'ai crié. Il y a sûrement d'autres solutions !

– Ah ouais ? Lesquelles ? a riposté Zoé par-dessus son épaule.

– En tout cas, pas les tiennes ! a ajouté Lola. Parce que les nazeries qu'on s'est farcies pour te faire plaisir, merci bien !

La mort dans l'âme, je les ai regardées s'éloigner. Je me sentais seule, soudain. Si seule. Abandonnée du monde entier…

Une chance : le soir, j'avais baby-sitting. Rien de tel pour me changer les idées ! D'abord parce que j'adorais Victor, le petit garçon que je gardais, et ensuite parce que ça me rapportait un peu de sous (que je n'avais ABSOLUMENT PAS l'intention de donner à monsieur Mamadou).

À peine couché, Victor m'a réclamé, comme à chaque fois :

– Fantine, une zhistoire !

Il était si mignon, tout blond sur l'oreiller, avec son nounours d'un côté, un camion de l'autre et le chat couché à ses pieds, que je ne n'ai pas pu m'empêcher de l'embrasser.

– Qu'est-ce que tu veux que je te raconte, bonhomme ?

– *Lapinou mange sa soupe.*
– Mais je ne la connais pas, moi, cette histoire !
– Elle est dans le livre, là sur l'étagère.

Le destin peut parfois emprunter les traits d'un enfant de trois ans, j'en ai la conviction. En farfouillant dans la pile d'albums pour tout-petits, devinez sur quoi je suis tombée ?

L'Almanach des sorcières.

Et dedans, qu'est-ce qu'il y avait ?

DES RECETTES MAGIQUES !

Mon sang n'a fait qu'un tour. J'ai glissé ma trouvaille sous mon pull, puis j'ai pris *Lapinou mange sa soupe* et je me suis assise au bord du lit, dans la lumière rose de la lampe de chevet.

Trente secondes plus tard, Victor dormait à poings fermés. Alors je suis sortie de la chambre sur la pointe des pieds, et je suis descendue au salon.

Un plateau de gâteries m'attendait devant la télé. Mais je n'ai pas allumé le poste. J'avais mieux à faire. Tout en grignotant mes chips au paprika, j'ai consulté *L'Almanach des sorcières*. Il était réellement génial.

Trois recettes en particulier ont retenu mon attention :

– Comment se débarrasser d'une personne qu'on n'aime pas.

– Comment obtenir un cadeau dont on a très envie.

Et surtout :

– Comment confectionner un philtre d'amour.

J'ai sauté sur le téléphone.

– Allo, Lola ?

Comme j'avais la bouche pleine, Lola ne m'a pas reconnue tout de suite.

– C'est moi, Fantine !

– Ah ? Qu'est-ce que tu veux ?

– J'ai trouvé les formules magiques !

Sa voix a changé.

– Tu es sérieuse ?

– Oui, je te jure ! Elles sont faites sur mesure pour nous. Tu avertis Zoé ?

– D'accord… Tu les apportes demain en classe ?

– Bien sûr !

Après avoir raccroché, j'ai arraché trois feuilles au bloc du téléphone, et j'ai soigneusement recopié les recettes. Chacune la sienne.

Ah ! ah ! ah ! À partir de demain, foi de Zaripoteuse, le monde allait entendre parler de nous !

Chapitre 3
La maison maudite

En distribuant les feuillets à mes copines, je me sentais aussi fière qu'un général marchant vers la victoire !

Leurs réactions ne m'ont pas déçue.

– Wahou ! s'est écriée Zoé, ça a l'air super efficace !

– Et pas trop compliqué à réaliser, a ajouté Lola. D'après toi, où est-ce qu'on trouve des champimignons ?

La colle ! Je me suis grattée la tête. Sur le dessin de l'almanach, les champimignons ressemblaient à des sortes de champignons de Paris, roses à étoiles dorées.

– Au supermarché, ai-je répondu, à tout hasard.

– Et de la poudre de perlimpinpin ?

J'y ai été au flan. Si j'avouais mon ignorance, je risquais de me couvrir de ridicule.

– J'en apporterai : ma mère en a, dans ses épices.

– C'est quoi, du potironron ?

– Ben… du potiron rond, tiens ! T'en as déjà vu du carré, toi ?

– Modeler les statuettes dans de la barbapapa, ça ne doit pas être facile !

– Mais si, t'inquiète, je l'ai déjà fait !

Je me suis étonnée moi-même : moins j'en savais, plus je paraissais sûre de moi. Zoé et Lola en ont conclu qu'elles pouvaient me faire confiance, et on a décidé de commencer nos « expériences » le mercredi suivant.

C'est là qu'une question cruciale s'est posée : où allions-nous les pratiquer, ces expériences ?

Il nous fallait un local.

Les clubs ont toujours un local.

On envisageait tous les endroits possibles – nos chambres, la cave de mon immeuble, la cabane de jardin du pavillon de Zoé, le grenier de la mamie de Lola – quand j'ai eu une super idée :

– La maison maudite !

Lola et Zoé se sont regardées avec effarement.

– La ruine, derrière la supérette ? Tu rigoles ?

– Non, pourquoi ?

– Paraît qu'elle est hantée…

J'ai éclaté de rire.

– N'importe quoi ! Tu crois aux fantômes, toi ?

– Ben… non, mais les gens…

– Justement : si les gens pensent qu'elle est hantée, personne ne viendra nous déranger ! En plus, pour faire de la magie, ce sera l'idéal !

Cet argument l'a emporté, si bien qu'à la sortie des cours, au lieu de rentrer directement chez nous, on a fait un détour par la maison maudite.

C'était une ancienne villa qui avait dû être luxueuse, dans le temps, mais ce qu'il en restait était vraiment sinistre. Une grille rouillée donnait accès au parc redevenu sauvage. Des ronces, des chardons, des orties couvraient le sol (bonjour les chevilles !). Quant aux arbres, ils étaient si touffus qu'on avait l'impression de traverser la jungle…

Et ce n'était rien par rapport au bâtiment ! Un toit à moitié éboulé au-dessus duquel tournoyaient les corbeaux, des fenêtres crevées, des murs branlants envahis de lierre…

– Brrrr, a frissonné Lola en se serrant contre Zoé. C'est vrai qu'elle a l'air hantée, cette baraque ! Même quand on ne croit pas aux fantômes !

Je ne pouvais pas lui donner tort. Honnêtement, en poussant la porte grinçante, je n'en menais pas large, moi non plus…

À l'intérieur, il faisait glacial et l'atmosphère puait le moisi.

– Moi, je n'entre pas là-dedans ! a décrété Lola.

– Moi non plus, a ajouté Zoé : c'est plein de toiles d'araignées !

Il fallait que j'intervienne, et vite, sans quoi, elles allaient prendre leurs cliques et leurs claques et me planter là, ces deux trouillardes !

Bravement, j'ai surmonté ma propre appréhension.

– Vous êtes idiotes ou quoi ? Je vous rappelle qu'on est des Zaripoteuses, c'est-à-dire des sorcières. Et un antre de sorcières ne ressemble pas à une loge de star !

– Dommage… a soupiré Lola.

– Tu veux faire de la magie ou t'exhiber dans *Idol'Ac* ? Faudrait savoir !

– Ben… les deux !

– Alors, commence par la magie. T'es pas d'accord, Zoé ?

– Ben… oui ! a répondu Zoé qui, entre-temps, s'était ressaisie. Pour me débarrasser de l'asperge, je suis prête à tout !

– Bon, bon, a fini par céder Lola. Si vous êtes toutes les deux contre moi…

C'est comme ça que les Zaripoteuses ont établi leur quartier général dans la maison maudite.

En fait, on a très vite apprivoisé l'endroit. La première impression passée, mes copines ont admis que c'était assez fun, finalement, comme local. Après avoir visité toutes les pièces – il y en avait au moins vingt ! – on a choisi la moins pourrie, une chambre au premier étage, avec un balcon qui donnait sur le parc. Le mercredi suivant, Lola a ramené un balai de chez elle, Zoé, des chiffons, et on a tout bien nettoyé.

– Si ma mère me voyait ! rigolait Lola en soulevant un nuage de poussière. Elle qui me traite tout le temps de souillon !

– Pareil pour mon père, pouffait Zoé, des toiles d'araignées dans les cheveux. Il se plaint toujours que ma chambre est un « trou de cochon » !

Lorsque la pièce a été propre, nous avons tenu notre première réunion.

À l'ordre du jour :

1) Inventaire des ingrédients nécessaires à chacune d'entre nous.

2) Qui apporte quoi, et quand.

3) Choix de l'ordre des envoûtements.

Comme d'une part, j'étais nettement la plus active dans le club, et que d'autre part, le philtre d'amour était la recette la plus facile à préparer, nous avons décidé de commencer par moi.

Pour ça, il me fallait :

– De la barbapapa (une chance : la boulangère en vendait) ;

– Quelques grains de pop-corn à la vanille (idem) ;

– Du Coca (Zoé en avait une bouteille entamée, dans son frigo) ;

– Du feu (pour ça, no problemo : notre local était équipé d'une grande cheminée).

On est vite allées chercher le nécessaire, et à quatre heures pile, l'envoûtement n° 1 commençait.

Chapitre 4
Envoûtement n° 1

Le plus compliqué a été d'allumer le feu : le bois, ramené du parc, était si humide qu'il ne brûlait pas. En revanche, ça fumait, ça fumait ! La pièce était remplie d'un épais brouillard, et nous, on toussait, on toussait !

N'empêche, question ambiance, c'était très réussi !

Pendant que Zoé et Lola craquaient allumette sur allumette, moi, je fabriquais ma statuette magique.

Je ne sais pas si vous avez déjà essayé de modeler de la barbapapa, mais je ne vous le conseille pas. Malgré ce que j'avais affirmé (affrimé, plutôt, hi hi hi !) quelques jours plus tôt à Lola, c'était un vrai casse-tête. Je croyais que ça ressemblerait à la confection d'un bonhomme de neige, eh bien, pas du tout. La barbapapa me collait aux doigts, une vraie horreur ! Par contre, les grains de pop-corn prévus à l'emplacement des yeux, de la bouche, du cœur et du zizi, eux, s'obstinaient à dégringoler !

Après vingt bonnes minutes de travail acharné, j'ai fini par décider que bon, ça allait comme ça. Mon personnage était plus proche du crapaud extraterrestre que du beau Théo, mais je ne pouvais pas faire mieux. Quant au feu de Zoé et Lola, à part trois ou quatre petits grésillements quand elles soufflaient très fort…

– On essaie quand même ? a suggéré Lola qui en avait marre (à force, ses yeux étaient aussi rouges et larmoyants que ceux d'un lapin albinos !).

J'étais d'accord, d'autant que la nuit commençait à tomber et qu'on n'avait pas pris de lampes torches.

On s'est toutes mises en rond autour du feu (!), les bras croisés, sauf moi qui brandissais ma statuette, et j'ai entonné l'incantation sacrée :

Par Babeluth et Cuberdon, démons gourmands
Par le vent, la pluie et tous les éléments
Par les astres qui luisent dans le firmament
Que Théo, à jamais, m'aime passionnément.

– Passionnément, passionnément, passionnément, ont répété mes copines, conformément aux directives de la recette, pendant que j'approchais la statuette de la flamme.

Le but était de la faire fondre pour la mélanger au Coca, afin d'obtenir un philtre d'amour hyperpuissant. Malheureusement, vu le peu d'efficacité de notre feu, on n'a obtenu qu'un liquide marronnasse dans lequel flottaient des espèces de peaux blanchâtres tout à fait répugnantes.

– Tu crois que Théo va accepter de boire ça ? a demandé Lola d'un air perplexe.

Rien n'était moins sûr.

Un tel découragement m'a saisie que j'ai senti les larmes me monter aux yeux. Par chance, Zoé a eu une réaction géniale :

– On l'obligera ! a-t-elle décidé en serrant les poings. Nous sommes trois, ne l'oubliez pas, tandis que lui, il est tout seul ! Personne ne peut résister au pouvoir des Zaripoteuses !

Parole d'honneur, c'était si beau que j'ai failli lui sauter au cou !

– Puisque tu le dis… a soupiré Lola.

Mais elle ne paraissait pas convaincue.

Le lendemain, j'ai apporté mon philtre d'amour en classe.

Chaque jeudi, de huit heures et demi à dix heures, le prof de gym nous emmène au stade pour une partie de foot. Pendant qu'on se changeait dans le vestiaire des filles, Zoé m'a glissé à l'oreille :

– J'ai un plan d'enfer ! Après l'entraînement, Théo aurait très soif. Il suffira que tu lui tendes ta bouteille pour qu'il se jette dessus, sans même vérifier ce qu'elle contient.

J'ai bien dû convenir que c'était assez astucieux. Il n'y avait qu'un hic : la taille de la bouteille (une bouteille de Coca d'un litre et demi, à moitié pleine). Je ne pouvais quand même pas la trimballer dans la poche de mon survêt pendant le match !

– Tu n'as qu'à emmener ton sac, est intervenue Lola.

– Et j'en fais quoi pendant qu'on joue ?

– Tu le poses dans un coin du terrain : y en a plein qui le font !

Ça ne me plaisait pas trop parce que, en général, les garçons shootent dedans, mais bon, je n'avais pas le choix. Je l'ai donc pris discrètement et dissimulé, tout aussi discrètement, derrière l'un des deux buts.

L'ennui, c'est que j'avais sans arrêt l'œil sur lui. Du coup, je n'étais pas très attentive au jeu. Ce qui a beaucoup énervé mon équipe. Et Théo en particulier.

– T'es naze de chez naze, ou quoi ? m'a-t-il lancé alors que, pour la ixième fois, je loupais le ballon.

Lui, se donnait à fond. Le sport, il adore. Fallait voir comme il était rouge à la mi-temps !

Sans tenir compte de sa réflexion – pourtant pas très sympa – je lui ai gentiment proposé :

– Tu n'as pas soif ? J'ai du Coca…

Il ne m'a même pas répondu. En revanche, le gros Louis a dressé l'oreille.

– Moi, j'en veux bien un peu !

Prise de court, je n'ai pas réagi immédiatement, ce qui lui a laissé le temps d'ouvrir mon sac et de déboucher la bouteille.

– Nooon ! ai-je hurlé en me ruant sur lui.

Trop tard, il portait déjà le goulot à sa bouche.

C'est là que Lola a eu un réflexe fabuleux. Elle lui a foncé dessus, la tête la première, et vloum, dans l'estomac ! Il a fait « oumpf ! », a lâché la bouteille et ils ont roulé tous les deux sur la pelouse.

– Eeeeh ! Qu'est-ce qui te prend, espèce de bouffonne ? a-t-il hurlé.

– Ben quoi, je l'ai pas fait exprès ! a répondu Lola en s'époussetant.

Louis l'a attrapée par le devant de son T-shirt.

– Et si je te dégomme, ce serait exprès, à ton avis ?

Heureusement que le prof est intervenu, sans quoi, je suis sûre qu'il aurait mis sa menace à exécution !

Entre-temps, j'avais ramassé ma bouteille. Une bonne partie du liquide s'était répandue sur le sol, mais il en restait quand même la moitié. Je l'ai soigneusement rangée et on a repris l'entraînement de foot jusqu'à dix heures.

Puis on s'est rhabillé.

On est allé à la récré.

Ensuite, on est retourné en classe.

Théo n'avait toujours pas bu mon philtre d'amour.

Complètement découragée, j'ai glissé à Zoé :

– Je n'y arriverai jamais !

– Laisse-moi faire, je m'en occupe, a-t-elle répondu. Mais toi, ne te sépare surtout pas de ta bouteille !

À partir de ce moment-là, elle n'a plus lâché Théo d'une semelle. Avec une vivacité que j'ai vraiment admirée, elle s'est assise près de lui, à la cantine, et nous a réservé les deux places qui restaient (on a des tables de quatre). Du coup, sans trop comprendre comment, Théo s'est retrouvé encadré par trois filles.

Quand il l'a réalisé, c'était trop tard : il ne restait plus la moindre chaise de libre.

Il était bel et bien piégé, le pauvre chéri.

Par les Zaripoteuses.

Gnierk, gnierk, gnierk.

Pendant que la dame de service déposait les frites sur notre table, Zoé a montré le plafond en braillant :

– Oh ! Regardez !

On a tous levé les yeux, et elle en a profité pour verser le contenu de la salière dans le plat.

– Quoi ? Qu'est-ce que t'as vu ? a demandé Théo, le nez en l'air.

– Oh, rien ! une mouche, a répondu Zoé.

Puis elle a pris la carafe d'eau et a rempli nos verre en « oubliant » celui de Théo.

Avec un haussement d'épaules signifiant : « Ah la la, les filles ! », il s'est servi une grosse portion et l'a avalée en moins de deux. Nous, on a fait celles qui n'avaient pas faim, si bien qu'après avoir repris une deuxième, puis une troisième part, il a terminé le plat.

Après, bien sûr, il a eu soif. Comme la carafe était vide (gnierk, gnierk), j'ai demandé, mine de rien :

– Tu veux du Coca, Théo ?

Et sans attendre sa réponse, je lui en ai versé une bonne rasade. Il m'a dit « merci » d'un air distrait, et quand il a levé son verre, mon cœur s'est mis à battre. Mentalement, je répétais : « Allez, bois, bois ! » J'avais cessé de respirer, tant j'étais impatiente que s'accomplisse enfin le miracle.

Il allait y tremper ses lèvres lorsqu'un quignon de pain a fendu l'espace dans sa direction.

– Ouch !

Le projectile, lancé avec force, a atteint sa main. Sous l'impact, Théo a lâché le verre qui s'est éclaté sur le carrelage, répandant une mare noirâtre où flottaient de gros grumeaux blancs. (Heureusement, personne n'a pensé à regarder par terre.)

Un éclat de rire général a salué la performance du tireur, Mickaël, une racaille de 4e C.

– Ça tu vas me le payer ! s'est écrié Théo, hyper vexé.

Je me suis empressée de le resservir, mais trop tard : déjà, il se ruait sur Mickaël, le poing levé. Il s'en est suivi une belle bagarre dont ils sont sortis, l'un avec un coquard, l'autre le nez en sang. (Et encore : si le surveillant n'était pas intervenu, ç'aurait pu être largement pire !).

Au même moment, la cloche a sonné, et on est retournées toutes les trois en classe, la tête basse.

C'était fichu, archifichu.

Sauf qu'au moment de s'asseoir, Théo m'a chuchoté :

– Ça m'a donné soif de cogner sur ce noc… Il te reste un peu de Coca, Fantine ?

Comme dans un rêve, je lui ai tendu ma bouteille. D'une lampée, il l'a terminée. J'en aurais chialé de bonheur !

Chapitre 5
Envoûtement n° 2

Je m'attendais à ce que le sortilège marche tout de suite, mais malheureusement, non. Quand Théo m'a rendu ma bouteille vide, il avait son air habituel.

J'ai supposé que les philtres magiques étaient comme les médicaments : il leur fallait un certain laps de temps avant d'agir.

Je me suis donc armée de patience. Et je n'ai pas quitté sa nuque des yeux jusqu'à la fin des cours (il est au premier rang). J'espérais que, dès qu'il aurait digéré, il se tournerait vers moi avec un regard de crapaud mort d'amour et m'enverrait un petit billet contenant une déclaration enflammée. Hélas, quand quatre heures ont sonné, il était comme toujours : beau et indifférent.

Mes copines m'ont rassurée comme elles ont pu :

– Ce n'est qu'une question d'heures. Demain, il rampera à tes pieds !

– Les frites au sel, c'est lourd. Vu la quantité qu'il a mangée, il va sûrement avoir une indigestion.

– Tu veux dire… qu'il risque de vomir mon philtre ?

– Non, quand même pas… Mais il se paiera sans doute quelques crampes d'estomac…

– … ou la tourista…

– … et c'est difficile de faire une déclaration d'amour avec le bidou qui gargouille !

Ça, ça les a fait rire. Et leur optimisme était si communicatif que je me suis remise à espérer. Du coup, la nuit suivante, j'ai fait de ces rêves ! Wahou !

On courait, Théo et moi, sur une plage au clair de lune. Nos pieds nus s'enfonçaient dans le sable mouillé, à la frange des vagues. Il me poursuivait, en fait. En répétant : « Je vais t'attraper ! Je vais t'attraper ! » C'est ce qu'il a fait, forcément :

j'avais ralenti exprès ! Alors, il m'a prise dans ses bras et a plongé ses yeux au fond des miens :

– *Mi love*… a-t-il murmuré en anglais.

– *Yes ?*

– *You are so bioutifoul.*

Etre bioutifoul est mille fois plus valorisant que d'être belle, je trouve. J'ai souri, flattée.

– *Te quiero, querida*… a-t-il continué, avec l'accent de Manu Chao dans *Clandestino*.

Qu'auriez-vous fait à ma place ? La même chose que moi, sans doute. Je lui ai tendu mes lèvres. Un long baiser nous a unis puis, toujours serrés l'un contre l'autre, on s'est laissés glisser dans la mer que le rayon de lune emplissait de reflets d'or.

C'est très exactement le moment qu'a choisi mon réveil pour sonner. N'empêche qu'en me levant, en m'habillant, en me brossant les dents, en prenant mon petit déjeuner, j'avais des étoiles dans la tête. Et sur le chemin de l'école, je ne marchais pas, je volais.

La chute a été d'autant plus dure.

Parce que Théo, lui, n'est pas venu.

Au début, j'ai cru qu'il était juste en retard, ce qui n'était déjà pas très bon signe. (Arriver en retard à un premier rendez-vous, ça craint, non ?). Mais toute la journée, sa place est restée vide.

Zoé et Lola ont émis l'hypothèse d'une indigestion plus grave que prévue.

Elles se trompaient.

Il avait tout bonnement attrapé la rougeole.

Le soir même, on s'est réunies, les deux autres Zaripoteuses et moi. Il fallait qu'on discute de la tournure inattendue des événements. Cette maladie était-elle une simple coïncidence, ou notre envoûtement avait-il foiré ? (Faut dire, on s'y était pris de manière si approximative…).

Au terme d'un débat houleux, nous en avons conclu que :

1) Il s'agissait probablement d'un effet secondaire du philtre (les médicaments en ont bien, alors pourquoi pas les potions magiques ?).

2) Ça ne signifiait pas qu'on avait raté notre coup. Théo était peut-être malade ET amoureux, ce qui n'est pas incompatible, bien au contraire : il y a un tas de gens que l'amour rend malades. De toute façon, impossible de le savoir pour l'instant : on n'avait pas le droit de lui rendre

visite avant une semaine, à cause de la contagion.

3) Cette rougeole, survenue comme ça, sans raison, n'était-elle pas, justement, le signe d'une passion trop ardente ? (Le rouge est bien la couleur de l'amour, non ?). Dans ce cas, l'enchantement avait fonctionné à merveille, et nous étions les plus grandes sorcières du monde.

La réunion s'est terminée sur cette certitude.

– On se revoit samedi pour la suite ? a demandé Zoé, en se quittant.

Elle avait très envie qu'on réalise, le plus vite possible, son vœu à elle. Parce que, vu que son dernier contrôle de maths avait été ca-tas-tro-phi-que, ça l'aurait arrangée que la prof disparaisse avant de les corriger.

– D'accord, ai-je répondu. Après le déjeuner, ça vous va ?

– Impec. J'apporte le potironron, tu te charges de la poudre de perlimpinpin ?

Le samedi à deux heures, les trois Zaripoteuses étaient fidèles au poste.

Le potiron de Zoé était magnifique. Énorme, d'un bel orangé presque rouge et, effectivement, tout rond. Un vrai potiron d'Halloween ! Quant à ma poudre de perlimpinpin… eh bien, elle faisait son petit effet ! (En réalité, c'était un mélange safran-paillettes à paupières de ma composition).

La recette disait :

Pour faire disparaître une personne de ton choix, rien de plus simple.

– Procure-toi un potironron.

– Évide-le.

– Sculpte dans l'écorce le visage de celui ou de celle dont tu souhaites être débarrassé.

– Presse la pulpe pour en extraire le jus.

– Saupoudre ce jus de poudre de perlimpinpin, et bois-le en disant :

Par Babeluth et Cuberdon, démons gourmands
Par le vent, la pluie et tous les éléments
Par les astres qui luisent dans le firmament
Que (nom de la personne) sombre dans le néant.

Par la suite, le potironron sculpté fera un magnifique photophore qui te servira à décorer ta chambre.

Prévoyante comme je suis, j'avais pensé à apporter trois verres en plastique et l'Opinel de mon frère, si bien que l'opération a pu commencer tout de suite.

Dire que « l'œuvre » de Zoé ressemblait à mademoiselle Duglou serait exagéré. Mais elle est arrivée à évider le potironron sans se couper, c'était déjà ça ! Pendant qu'elle s'acharnait sur les yeux, le nez et la bouche, Lola et moi, on pressait la pulpe avec nos mains. Un vrai travail de oufs ! Sans nous vanter, on en a mis partout ! Ça nous coulait entre les doigts, le jus se répandait n'importe où – sauf dans les verres – les pépins giclaient dans toutes les directions. On en avait dans les cheveux, sur nos habits, dans nos chaussures (le soir, en me déshabillant, j'en ai même retrouvé un au fond de ma culotte, c'est dire !). Bref, l'horreur intégrale !

Et nous n'étions pas au bout de nos peines. Parce qu'après, il a fallu le boire, ce jus immonde !

Une chance : comme on avait tout fichu à côté, il n'y avait qu'une ration minuscule pour chacune. Un fond de verre couleur mains-pas-propres, avec une poudre jaune, étincelante, qui flottait dessus…

Pendant que Zoé déclamait sa formule magique, Lola m'a glissé à l'oreille :

– Jamais je ne pourrai avaler un truc pareil : on dirait du pipi !

J'étais bien de son avis, mais il était trop tard : des Zaripoteuses dignes de ce nom n'interrompent pas un processus magique au beau milieu, surtout pour des raisons aussi futiles !

– Bouche-toi le nez, lui ai-je conseillé. Ferme les yeux et à trois, tu t'envoies tout, d'un coup, au fond de la gorge ! Allez, toi aussi, Zoé. Faites comme moi : Une !... Deux !... Trois !... hop !

Zoé a tout recraché en toussant comme une folle, Lola a beuglé : « Je vais vomir ! », et moi, j'ai eu mal au ventre jusqu'au soir. Mais bon, on ne s'était pas dégonflées ! Zaripoteuses un jour, Zaripoteuses toujours ! (Sympa ça, comme slogan, hein !)

Nous nous sommes quittées sur cette grande victoire, et toute la nuit, je me suis demandé ce qui allait arriver à notre prof de maths.

Est-ce qu'elle risquait d'attraper la rougeole, elle aussi ?

Chapitre 6
Envoûtement n° 3

Le dimanche est passé avec une lenteur d'escargot. Dix fois au moins, on s'est téléphoné, les copines et moi. Sans trop oser nous l'avouer, on était mortes de trouille. Faire disparaître quelqu'un, c'est une sacrée responsabilité – même si ce quelqu'un est la prof la plus chiante de la terre !

Durant cette longue journée de remords, j'ai fini par souhaiter, je l'avoue, que notre envoûtement loupe. Que les recettes de *L'Almanach des sorcières* soient du bidon et que, le lendemain, on retrouve Mlle Duglou intacte…

Mais, honnêtement, je n'avais pas trop d'espoir. Parce que ces fichues recettes avaient déjà fait leurs preuves : la maladie de Théo, entre autres...

Qu'allait-il advenir de cette pauvre Mlle Duglou ? J'ai passé en revue toutes les possibilités :

– Qu'elle décide subitement de changer de métier et donne sa démission, pour devenir, par exemple, reporter en Afrique (ça, c'était dans le meilleur des cas) ;

– Qu'elle s'évapore purement et simplement (Houlà !) ;

– Qu'elle fonde, comme un bonhomme de neige sous le soleil (Houlàlà !) ;

– Ou... QU'ELLE AIT UN ACCIDENT ET MEURE !

Cette dernière éventualité me donnait des sueurs froides, mais je ne parvenais pas à me l'enlever de la tête. Si bien que, le lundi, quand je l'ai vue, comme chaque matin, en train de discuter sous le porche avec la directrice, je me suis sentie vachement soulagée.

Lola aussi, je pense.

Zoé, un peu moins, et pour cause...

À peine arrivée en classe, la première chose qu'elle a fait, cette punaise de Duglou (pour nous narguer, sûrement !), c'est de sortir les contrôles et de les poser sur son bureau, avec une sorte de ricanement féroce.

– Aïe aïe aïe, m'a chuchoté Zoé. Ça va être ma fête…

J'ai posé ma main sur la sienne, histoire de la réconforter, mais sans succès. Il faut dire que son contrôle était vraiment, vraiment mauvais.

– Pourquoi l'envoûtement n'a pas marché ? l'ai-je entendue marmonner entre ses dents.

Lola, qui était assise derrière moi, s'est penchée pour me souffler à l'oreille :

– T'as remarqué ? La prof n'a rien de changé !

C'était la vérité vraie : son catogan blond impeccable, ses lunettes, sa bouche un peu pincée, sa manière de nous regarder comme un chat regarde une souris, étaient exactement les mêmes que d'habitude.

– Peut-être qu'on n'a pas fait tout ce qu'il fallait ? a supposé Zoé dans un soupir.

– Ben si, pourquoi ?

– Ta poudre de perlimpinpin n'était pas périmée, par hasard ?

Mettez-vous à ma place : cette accusation m'a vexée !

– T'es pas un peu zinzin ? S'il y a eu un problème, c'est ton potiron le responsable, pas ma poudre !

Réaction inattendue : au lieu de me rentrer dans le chou, elle a blémi.

– Tu as sûrement raison, a-t-elle reconnu piteusement. Comme je n'ai pas trouvé de potironron, j'ai pris un bête potimarron. Je croyais que ce n'était pas très important…

– En magie, TOUT est important, ma vieille !

(Bon, d'accord, je suis la reine de la mauvaise foi, mais elle m'avait tendu la perche, non ?).

La voix aigre de la Duglou nous a rappelées à l'ordre :

– Silence, la bande des trois ! Vous bavarderez à la récréation ! D'autant que…

Ses yeux de chat ont fixé Zoé avec cruauté :

– … j'en connais une qui aurait intérêt à suivre les cours, si elle veut faire remonter sa moyenne !

Elle a attrapé une copie sur le dessus de la pile et l'a brandie très haut pour que tout le monde puisse apercevoir, dans la marge, le grand zéro rouge souligné quatre fois.

Une rumeur d'effroi a parcouru la classe, et j'ai

senti Zoé se ratatiner à côté de moi.

– Apporte-moi ton carnet de correspondance, lui a lancé Mlle Duglou, impitoyable. Je vais mettre un mot à ton père. Il faut que nous nous rencontrions pour discuter de tes résultats.

Zoé a obéi comme un zombie.

Quand elle a regagné sa place, munie de l'atroce convocation, on aurait dit une condamnée à mort marchant vers l'échafaud.

C'est là qu'on s'est sincèrement posé la question : devions-nous poursuivre ces expériences foireuses qui, finalement, ne nous amenaient que des ennuis ?

Zoé était d'avis de les arrêter.

Moi, je ne savais pas trop.

Lola, en revanche, voulait continuer. Elle trouvait injuste d'être la sacrifiée dans toute cette affaire !

– Les envoûtements ne nous ont amené aucun ennui, a-t-elle protesté. Ils ont peut-être foiré, d'accord, mais les conséquences n'ont pas été pires que si on n'avait rien fait !

– Et la rougeole de Théo ? ai-je objecté.

– Il l'aurait eue de toute façon : je te signale

que cette maladie a plusieurs jours d'incubation. Il l'avait déjà attrapée avant qu'on n'intervienne. C'est une simple coïncidence si elle s'est déclarée juste à ce moment-là !

– Et ma convocation ? a renchéri Zoé.

– Pareil : la magie n'a rien empêché, mais elle n'a rien provoqué non plus. Donc, je ne vois pas de raison valable d'arrêter. Même s'il n'y a qu'une chance sur cent pour que la recette marche, ça vaut la peine de la tenter.

J'ai bien dû reconnaître qu'elle n'avait pas tort, et on a décidé de voter. Deux voix pour, une contre. Devant l'écrasante majorité, Zoé a cédé.

– Bon ben… mercredi, alors ? a-t-elle soupiré. Mais à tes risques et périls, hein, Lola ! S'il arrive quelque chose à ta mère, tu ne viendras pas nous le reprocher !

– D'ac-o-dac ! a répondu Lola d'un ton qu'on a tout de même trouvé un peu léger. Tu apportes les champimignons, Fantine ? Moi, je me charge du reste.

La recette pour obtenir un cadeau dont on a très envie nécessitait :

– 250 grammes de champimignons
– Le jus d'un demi-citron
– Une cuillère à café d'huile d'olive
– Poivre et sel.
– Un saladier.

Découpez les champimignons en fines lamelles, arrosez-les d'huile et de jus de citron, salez, poivrez, et dégustez en disant :

Par Babeluth et Cuberdon, démons gourmands
Par le vent, la pluie et tous les éléments
Par les astres qui luisent dans le firmament
Que je reçoive le (nom du cadeau) que je désire tant.

– C'est marrant, a remarqué Lola pendant qu'on préparait l'envoûtement. On dirait une recette de cuisine !

Zoé, qui nous regardait travailler sans vraiment intervenir, a admis qu'en tout cas, ce serait sûrement moins dégueulasse que son jus de citrouille.

– Par contre, a-t-elle ajouté, mi-figue mi-raisin, la sauce a une drôle de couleur... Regardez, les champimignons ont déteint !

Logique : ce n'étaient que de simples champignons de Paris que j'avais peints en rose avec des étoiles dorées. (Et la gouache se dissout dans l'eau, alors, pourquoi pas dans le jus de citron ?).

Deux regards suspicieux se sont tournés vers moi.

– Ben quoi ? ai-je répliqué de mon air le plus désinvolte. Les champimignons déteignent TOUJOURS ! Vous n'étiez pas au courant ? Faut vous renseigner, des fois, les filles !

Je ne sais pas si elles m'ont crue ou si elles ont juste fait semblant, mais elles n'ont pas insisté. Et on s'est assises en rond pour manger notre salade magique, tandis que Lola récitait sa formule.

– Drôle de goût, quand même… a grogné Zoé avec une grimace.

J'ai pris le temps d'avaler ma bouchée avant de répondre :

– Ouais, les champimignons, ce n'est pas très bon. C'est pour ça qu'on ne les vend plus au supermarché…

– Où tu les as trouvés, alors ?

– Je les ai ramenés de chez ma grand-mère : elle s'en sert pour fabriquer des tisanes contre les rhumatismes.

(Parfois, ma faculté de mentir m'épate moi-même. Je suis hyper douée ! Mauvaise en maths, en grammaire et en géographie, mais excellente en mensonge. Je me demande sur quel métier ça peut déboucher, ce genre de talent. La pub, peut-être ? Ou alors, la politique ?)

– Et maintenant, il ne nous reste plus qu'à attendre… a déclaré Lola tout excitée.

– Ne te fais pas trop d'illusions, lui a sagement conseillé Zoé. Tu risques d'être déçue…

Lola a promis, mais c'était visible qu'elle y croyait malgré tout.

Elle n'avait pas réellement tort : le soir, pendant le dîner, le téléphone a sonné.

– Fantine, c'est pour toi ! a crié papa qui était allé répondre.

D'abord, je n'ai pas compris ce que disait Lola tellement elle parlait vite.

– La robe… a-t-elle répété plus lentement.

– Oui, eh bien ?

– Elle n'y est plus !

– Elle n'est plus où ?

– Ben… dans la vitrine de chez Tip Top, tiens ! Tu débarques ou quoi ?

– Et alors ?

– Alors ? Mais tu ne comprends rien à rien, ma parole ! SI ELLE N'EST PLUS LÀ, C'EST PARCE QUE MA MÈRE L'A ACHETÉE !

– Tu… tu es sûre ? Elle te l'a donnée ?

– Non, pas encore : elle n'est pas rentrée du bureau. Mais j'ai fouillé dans son placard et j'y ai découvert un gros paquet-cadeau…

– Wahou !

– La formule magique a marché, ma vieille ! ELLE A MARCHÉ ! Oh, je n'ai jamais été aussi heureuse de ma vie !

Chapitre 7
Le gros Louis à la rescousse !

Je m'attendais à voir arriver une Lola rayonnante, le lendemain, au collège. Eh bien ! pas du tout : elle tirait la tronche. En plus, elle était bizarrement habillée. Style hyper démodé : jupe plissée, col blanc, tout ça…

– Salut ! j'ai dit. Alors, c'est ça, ta fameuse robe ? Ce n'est pas vraiment ton style mais… euh… elle te va bien…

J'ai cru que Lola allait m'arracher les yeux.

– Qu'est-ce que tu racontes ? Elle est naze de chez naze !

– Ben… pourquoi tu l'as demandée, alors ?

Au même moment, le père de Zoé la déposait devant le portail.

– T'as eu ta robe, Lola ? a-t-elle crié, en sautant de la voiture pour courir nous rejoindre.

– CE N'EST PAS MA ROBE !

– Comment ça, « pas ta robe » ?

– Jamais je n'aurais choisi une saleté pareille, tu penses bien !

On s'est regardées, Zoé et moi. On pressentait la catastrophe. Avec ces fichues recettes magiques, fallait s'attendre au pire.

– Ta mère s'est trompée de boutique, c'est ça ? ai-je suggéré.

– Non, elle a bien été chez Tip Top, mais la robe venait d'être vendue. Et comme rien d'autre ne lui plaisait, elle s'est rabattue sur Ringard Mode…

– Ringard Mode ! a bredouillé Zoé, une expression d'épouvante sur le visage.

Et moi, en écho :

– Ce magasin de blaireaux ? Je préférerais me balader à poil que porter des vêtements de chez eux !

J'exagérais, bien sûr ! En plus, ce n'était pas très délicat de sortir ce genre de vanne dans un moment pareil. Lola a fondu en larmes.

– Maman m'oblige… à… la… mettre… hoquetait-elle entre deux sanglots.

On l'a consolée du mieux qu'on pouvait, mais le cœur n'y était pas. Quelqu'un qui s'habille chez Ringard Mode est forcément inconsolable !

Suite à ce dernier pataquès, nous avons pris une grande décision : celle de dissoudre notre club. Au cours d'une cérémonie improvisée, nous avons juré solennellement de ne plus jamais faire de magie, dans la mesure où toutes nos tentatives s'étaient soldées soit par des échecs, soit par des drames. Après quoi on s'est serrées la main et on a refermé, pour la dernière fois, la porte de notre local.

Comme on était un peu tristes malgré tout, Zoé a proposé :

– Vous venez chez moi ? Mon père n'est pas là… et j'aimerais autant ne pas être seule quand il rentrera !

– Pourquoi ?

– Ben… c'est aujourd'hui qu'il a rendez-vous avec l'asperge, et je n'ose même pas imaginer ce qu'elle va lui dire !

– Mouais, telle que je la connais, elle risque de te casser du sucre sur le dos, cette sale vache… a compati Lola.

– Et comme pour mon père les études passent avant tout, pas besoin de vous faire un dessin. Oh là là ! je sens que ça va barder pour moi !

Elle a secoué la main avec éloquence, puis a ajouté :

– Au moins, si vous êtes là, il se retiendra un peu…

On n'a pas hésité : solidarité d'ex-Zaripoteuses ! Si bien que deux heures plus tard, quand la clé a tourné dans la serrure, on en était à notre troisième bouteille de Coca et on commençait notre huitième partie de petits chevaux.

En l'entendant, Zoé est devenue verte. Pas pâle, verte. Couleur granny smith.

Elle avait tort.

En fait, il était d'excellente humeur.

– Bonsoir, les filles ! a-t-il claironné, en accrochant sa veste au portemanteau. Alors, ça boume ?

On s'est regardées, sidérées.

– Euh.. euh… tu as parlé à ma prof ? a

demandé Zoé d'une toute petite voix.

– Oui. Elle est absolument charmante !

Sa réflexion nous a coupé le sifflet.

– Que... qu'est-ce qu'elle t'a dit, sur mon travail ? a repris Zoé après avoir tourné sept fois sa langue dans sa bouche.

– Eh bien... pour être honnête, je ne m'en souviens pas trop. En revanche, nous nous sommes découvert de nombreux points communs : nous avons les mêmes goûts musicaux et elle adore les films de Woody Allen, comme moi !

Il souriait aux anges.

– Bon ben moi, j'y vais, a déclaré Lola, se sentant inutile. J'ai ma rédac' à terminer.

– Et moi, je dois porter les devoirs à Théo. J'ai téléphoné pour prendre de ses nouvelles, il paraît qu'il n'est plus contagieux.

Lola m'a lancé un coup d'œil en coin.

– Petite cachottière ! Tu aurais pu nous en parler !

J'ai piqué un fard. Les devoirs n'étaient qu'un alibi. En réalité, je venais de décider à la seconde d'aller lui rendre visite. Pourquoi, là, subitement ? Je n'en savais rien moi-même. Une brusque envie de le voir. Et peut-être de vérifier si, par hasard, ma formule magique n'aurait pas marché, juste un tout petit peu…

Je suis tombée comme un cheveu dans la soupe.

Forcément, les copains de Théo m'avaient précédée. Ils étaient tous là : Cédric, Ahmed, Arnaud, Gégène, le gros Louis… Et comme ils jouaient à Massacre en direct – un jeu vidéo hyper violent – ils ne se sont même pas retournés quand je suis entrée !

Je suis donc restée à me dandiner d'un pied sur l'autre, le nez fixé sur l'écran en attendant la fin de la partie.

Alors, alors seulement, Théo s'est aperçu de ma présence.

– Salut ! a-t-il lancé. Qu'est-ce que tu viens faire ?

– Ben… je t'apporte tes devoirs.

Il a pouffé de rire – aussitôt imité par ses potes.

– Merci, mais je les ai déjà reçus en cinq exemplaires ! Tu peux les remporter !

Ce n'était pas très cool comme remerciements. En plus, avec son visage plein de croûtes et de boutons, il était affreux. Ça m'a refroidie à son égard. Qu'un garçon ait une sale gueule, passe encore, s'il est sympa. Qu'il se comporte comme un noc, passe aussi, à condition qu'il soit très beau. Mais les deux à la fois, laid et désagréable, c'est trop pour un seul homme !

J'ai tourné les talons.

– Bon, ben puisqu'on n'a pas besoin de moi… Allez, tchao les mecs !

Il n'y a pas eu de réaction… sauf une. Le gros Louis. Il a couru derrière moi et m'a rattrapée dans l'escalier.

– Tu veux que je te raccompagne ? a-t-il proposé.

J'ai failli refuser, puis je me suis ravisée. Après tout, n'importe quelle présence, dans un moment pareil, était réconfortante. Même la sienne.

– Merci, t'es gentil… Les autres ne vont pas râler ?

– Pfff, ils s'en foutent ! Ils sont bien trop occupés avec leur jeu !

– Et toi ?

– Les tueries virtuelles, ce n'est pas trop mon trip.

Il a pris son blouson et m'a ouvert la porte.

– Après toi, miss…

C'était la première fois qu'un garçon me cédait le passage. Ça m'a fait tout drôle.

– J'ai pas aimé la façon dont Théo t'a traitée, a continué Louis en chemin. Tu lui rends service et lui, il te vire. Je trouve son attitude complètement nulle ! Moi, à sa place…

Je me suis arrêtée pour écouter la suite. Ses bonnes grosses joues étaient devenues écarlates. Il a pris une large inspiration avant de continuer :

– … j'aurais été vachement flatté qu'une fille comme toi se dérange pour moi, et…

– Et ?

– Et j'aurais plutôt viré mes copains pour rester tout seul avec toi !

J'ai pas su quoi répondre, mais ma mauvaise humeur s'est envolée comme par magie.

Chapitre 8
Pétage de plombs !

La mauvaise humeur de mes copines, par contre, n'a fait que croître et embellir au fil des jours. Il faut dire que, progressivement, la situation s'était dégradée. Comme si, d'un désagrément somme toute anodin – avoir une moche fringue dans sa garde-robe ou un père en bons termes avec une prof – le destin s'était acharné à faire une véritable tragédie. Au bout d'une semaine, la mère de Lola, sans qu'on comprenne pourquoi, l'obligeait à porter TOUS LES JOURS sa nouvelle robe. Et le père de Zoé sortait TOUS LES SOIRS avec l'asperge.

En fait, j'étais la seule à m'en tirer sans trop de dégâts. Cesser d'être amoureuse, ce n'est pas marrant, bien sûr. Mais ça n'a rien de comparable avec porter sept jours sur sept des habits ri-di-cules, ou se coltiner une prof qui cafte tous vos faits et gestes à votre père !

Bref, mes deux pauvres copines étaient vraiment à plaindre. Et moi, l'apprentie sorcière, je me sentais responsable de leurs malheurs. Avec ma magie de pacotille, au lieu de les aider, j'avais carrément bousillé leur vie.

Vous imaginez mes regrets ?

Et leur rancune !

D'autant que plus le temps passait, plus les choses empiraient ! Quinze jours après lui avoir offert sa robe, la mère de Lola en a acheté une seconde, encore plus vilaine. Écossaise à froufrous, vous voyez un peu le genre ? Et comme si ça ne suffisait pas, elle a bazardé tous ses jeans sous prétexte que les tenues « féminines » lui allaient mille fois mieux que les pantalons.

– Moi qui rêvais d'être une star, à quoi est-ce que je ressemble, maintenant, vous pouvez me le dire ? sanglotait Lola. À un épouvantail ! D'ailleurs, les gens rigolent quand ils me croisent dans la rue !

– Là, tu exagères ! ai-je protesté. C'est de la parano !

– Parano ou pas, je nage en plein cauchemar par ta faute, alors camembert, hein !

Mais le comble a été atteint quand Zoé nous a annoncé :

– Vous ne connaissez pas la dernière ?

Elle n'a pas ajouté le mot « catastrophe », mais son expression parlait pour elle. Oubliant provisoirement nos désaccords, nous nous sommes écriées en chœur :

– Quoi encore ?

– Mademoiselle Duglou va venir habiter chez nous.

Cette fois, on avait vraiment touché le fond !

Il y a un très joli proverbe qui dit (je ne me rappelle plus des termes exacts) que le frôlement d'une aile de papillon peut, par une succession d'événements en chaîne, provoquer la fin du monde. C'est très exactement ce qui était en train de se produire, et rien que d'y penser, j'en avais le vertige. Parce que, telles qu'elles étaient parties, les choses n'allaient pas en rester là. La mère de Lola, qui avait décidé d'enlaidir sa fille à tout prix, ne s'arrêterait pas en si bon chemin. Après l'avoir forcée à porter de hideux habits, elle risquait, je ne sais pas, moi, de lui raser le crâne ou de l'obliger à venir au collège déguisée en clown. (On pouvait même envisager nettement pire, mais là, on tombait dans le film d'épouvante). Quant au père de Zoé, rien ne l'empêchait d'épouser l'asperge qui s'avérerait, à l'usage, être une détestable marâtre, faisant de ma pauvre copine une Cendrillon moderne. À moins que, autre scénario plausible, elle ne s'en débarrasse en l'empoisonnant ou en embauchant un tueur à gages.

Ah ! si j'avais pu revenir en arrière, jamais je n'aurais copié les recettes de *L'Almanach des sorcières* ! Et le jour du baby-sitting, je serais tombée malade, tiens ! Ou alors, j'aurais raconté *Le Petit Chaperon rouge* à Victor, au lieu de lui lire *Lapinou mange sa soupe* !

Parce que, finalement, mon aile de papillon à moi, c'était ce livre abominable : *Lapinou mange sa soupe* !

Ah ! s'il avait pu ne jamais être écrit.

Ni publié.
Ni acheté par les parents du petit Victor…

Voilà ce que je me répétais à longueur de journée quand le gros Louis s'est mis à me draguer.

Depuis sa déclaration de l'autre jour, je soupçonnais bien que je lui plaisais, mais sans vouloir l'admettre. À force, j'étais parvenue à me persuader qu'il n'avait agi que par politesse ou, à la rigueur, par pitié. Mais quand il a commencé à m'envoyer des petits mots pendant les cours, le doute n'a plus été possible.

Parce que, quand un garçon vous écrit : « Tu est la plu bel gonzzess du colèje ou Je rève de toi toute les nuis », ça dit bien ce que ça veut dire, malgré les fautes d'orthographe !

L'ennui, c'est que moi, il ne me plaisait pas du tout du tout. Et pas seulement à cause de son poids. Tout en lui me dégoûtait : sa manière de s'habiller, sa coupe de cheveux, ses yeux, son nez, sa bouche… Ses oreilles bordées de rouge… Ses mains toujours sales, ses ongles noirs… Sa façon de parler, de rire, de transpirer… Le fait qu'il ne se lavait jamais les dents… Bref, en gros (!), je ne pouvais pas le sentir (!), au sens propre (!) du terme. Physiquement, je précise. Moralement, je l'aimais bien, depuis qu'il m'avait raccompagnée.

Mais bon, on peut « aimer bien » quelqu'un et n'avoir aucune envie de sortir avec lui, n'est-ce pas ?

Et le trouver relou, s'il insiste.

Collant, même.

Pot-de-glu.

Surtout lorsqu'il vous regarde, du matin au soir, avec des yeux de merlan frit, vous envoie deux cent cinquante billets par jour, et essaie de vous peloter dans les rangs !

Ce harcèlement insupportable, ajouté à mes remords de conscience, c'était vraiment beaucoup. Beaucoup trop. Normal que j'aie fini par péter les plombs !

Ça s'est passé un mercredi après-midi. Je traversais le square pour aller à la supérette (maman n'avait plus de fromage râpé pour son gratin) quand Louis, qui jouait au ping-pong, m'a aperçue. Il a lâché sa raquette et m'a foncé dessus comme une bombe.

– Eh, t'es pas un peu malade ? ai-je aboyé, en sautant de côté pour l'éviter.

Mais ce que je n'ai pas pu éviter, en revanche, c'est le baiser humide qu'il m'a plaqué sur la joue gauche.

Beuh ! J'ai eu l'impression qu'une limace courait sur ma figure, sans blague !

Je lui ai hurlé de ne surtout pas se gêner – allez, vas-y, lèche-moi la pomme, je te dirai rien ! – et j'ai cherché un Kleenex dans ma poche. Comme je n'en avais pas, il m'a tendu son paquet (si on peu appeler « paquet » l'espèce de pochette déglinguée d'où s'échappaient des mouchoirs sales). J'ai essuyé ma joue et je suis repartie toute raide, sans même le remercier. Et lui m'a regardée m'éloigner sans un mot, déconfit et les bras ballants.

Moi, je ne décolérais pas. « Faut que ça cesse ! Faut que ça cesse ! » je me répétais en marchant. Et c'est là que l'idée a germé dans ma cervelle.

S'il attrapait la rougeole comme l'autre, cet emmerdeur, j'en serais débarrassée !

Au début, ce n'était qu'une vanne. Le genre de pensée qu'on a quand on rumine, et qu'on chasse aussitôt. Sauf que celle-là, j'avais beau la chasser, elle revenait sans cesse à la charge. Et avec les détails, encore ! Les ingrédients nécessaires à l'envoûtement, la formule et tout le bataclan !

Comme l'énervement m'avait donné soif, j'ai pris du Coca à la supérette, en plus du gruyère. Puis j'ai fait un crochet par la boulangerie pour chercher du pop-corn et de la barbapapa. Les sucreries, c'est si réconfortant quand on n'a pas la forme !

Mais où les grignoter, toutes ces bonnes petites choses ? Dans ma chambre ? Au risque que maman me surprenne et râle à cause des caries ?

Non, j'avais une meilleure solution : emmener mes provisions dans la maison maudite. Là, au moins, je pourrais m'empiffrer tranquillement, sans personne dans les pattes !

J'ai posé le fromage sur la table de la cuisine et je me suis éclipsée en criant:

– Je vais au square retrouver mes copains !

– Rentre à six heures pile, hein ! m'a recommandé maman.

– Promis !

Il n'était que deux heures et demie, j'avais tout l'après-midi devant moi…

Chapitre 9
Zaripoteuse un jour, Zaripoteuse toujours !

L'envoûtement a été torché en quatrième vitesse. Ce qui m'a pris du temps, en fait, c'est de me décider. De replonger, quoi ! Alors que je m'étais bien juré de ne plus jamais, jamais avoir recours à la magie.

Mais on est comme ça, nous, les êtres humains. Quand papa a arrêté de fumer, les choses se sont passées de la même manière. Il a jeté son paquet à la poubelle, a promis à maman de ne plus jamais « toucher à ces saloperies », et trois jours plus tard, après nous avoir pourri la vie avec sa nervosité, il est retourné en catimini au tabac.

Donc, j'avais de qui tenir. Chez nous, la faiblesse est héréditaire. Ce n'est pas une excuse, je sais, mais ça atténue la culpabilité.

Parce que, pour ce qui est de culpabiliser, j'ai culpabilisé, par la suite, vous pouvez me croire ! Vu ce qui est arrivé, j'aurais difficilement pu faire autrement !

Alors bon, je résume : le lendemain, je me pointe en classe avec ma bouteille de Coca ensorcelée. Gym, entraînement de foot, etc. (J'avais l'impression de revoir cette séquence pour la seconde fois, à part que la victime n'était pas la même !). À la mi-temps, Louis, selon son habitude, était cramoisi et suant. Alors moi, en douceur :

– Tu veux un peu de Coca ?

Lui :

– Ah ouais, géniaaal !

Comment il s'est jeté dessus, le morfalou ! Jusqu'à la dernière goutte, il l'a liquidée, ma potion magique !

Intérieurement, je ricanais :

« Toi, mon petit ami, tu es bon pour une méga-rougeole. Deux semaines peinarde, je m'en régale d'avance ! Et le plus marrant, c'est que ta maladie n'étonnera personne : toute le monde pensera que Théo te l'a refilée ! »

Eh bien, je me trompais. Ça ne s'est pas du tout passé comme prévu !

Le vendredi matin, devant sa place vide, je me frottais les mains en imaginant sa grosse figure pleine de boutons, quand le prof de français nous a annoncé :

– L'un de vos camarades a eu un accident, hier. Il s'est fait renverser par une voiture…

Ce choc que j'ai eu !

– Un… un accident… ? ai-je bredouillé, au bord de l'évanouissement. Et… c'est grave ?

– Assez, oui. Il a la jambe cassée.

Devant mon air hagard, le prof m'a demandé si ça allait. Puis il a ajouté avec un drôle de petit sourire que mon émotion trahissait mes sentiments.

– Puisque tu es si attachée à ce garçon, je propose qu'on te délègue à son chevet, pour lui souhaiter, au nom de la classe, un prompt rétablissement !

Suggestion acceptée à l'unanimité. Forcément : les visites à l'hôpital, tout le monde déteste. Ça les arrangeait bien que ce soit moi qui me tape la corvée !

À quatre heures et demie, je me suis donc retrouvée, armée d'un bouquet de fleurs, devant la porte de la chambre n° 23.

Timidement, j'ai toqué.

– Entrez ! a claironné la voix de Louis.

Il était allongé dans son lit, si pâle qu'il paraissait deux fois moins gros. Et tellement propre que j'ai failli ne pas le reconnaître.

– Oh, Fantine, tu es venue ! s'est-il exclamé en m'apercevant (et à sa manière de prononcer mon nom, pas de doute, c'était bien lui !).

Qu'auriez-vous fait à ma place ? Il fallait que je tienne dignement mon rôle de déléguée ! Je lui ai tendu mes fleurs et je lui ai fait la bise, en déclarant solennellement :

– Au nom de toute la classe, je te souhaite un prompt rétablissement.

– Merci, a-t-il répondu, en me rendant mon bisou.

Surprise ! Il sentait bon le savon et l'eau de Cologne. Du coup, à mon grand étonnement, j'ai trouvé cela plutôt agréable.

Au point que j'ai eu envie de recommencer. Comme ça, sans raison précise. Juste pour confirmer ma curieuse impression.

Impression confirmée.

J'en suis restée toute chamboulée durant la demi-heure que j'ai passée près de lui.

Il m'a raconté son accident de long en large. Un accident banal. La veille, en rentrant chez lui après l'école, il avait traversé sans regarder. Devinez pourquoi ?

Parce qu'il était perdu dans ses pensées.

Et à quoi pensait-il ? À qui, plutôt ?

À moi.

– Le coup du Coca, c'était tellement adorable de ta part ! Tu ne peux pas savoir quel plaisir ça m'a fait !

Je serais bien rentrée sous terre…

La nuit suivante, je n'ai pas fermé l'œil. Je m'en voulais, mais je m'en voulais ! Qu'est-ce qui m'avait pris de m'attaquer à ce mec ? Le mec le plus gentil du collège – et peut-être même de la terre entière ! Et moi, espèce de barje, je lui avais fait du mal. Pourquoi ? Parce qu'il avait le malheur de m'aimer comme personne, jamais, ne m'avait aimée !

Parole d'honneur, je me serais bien giflée ! Ou envoûtée, tiens ! Si j'avais eu une formule pour punir sévèrement une fille odieuse, je l'aurais utilisée contre moi, sans hésiter !

En fait, quand je dis que je n'ai pas fermé l'œil, ce n'est pas tout à fait vrai. Je me suis endormie au petit matin. Et j'ai rêvé. Devinez de quoi (ou plutôt de qui) ?

De Louis, bien sûr…

On courait sur une plage au clair de lune.

– Je vais t'attraper ! Je vais t'attraper ! criait-il en me poursuivant.

Moi, je ralentissais tant que je pouvais, pour lui faciliter les choses. Alors, il me rejoignait, me prenait dans se bras et murmurait :

– Mi love…

– Yes ? répondais-je langoureusement.

– You are so bioutifoul…

Je lui tendais mes lèvres. Un long baiser nous unissait puis, toujours serrés l'un contre l'autre, nous nous laissions glisser dans les vagues que le rayon de lune emplissait de reflets d'or.

Dans mon rêve, Louis n'était ni gros, ni rouge. Il avait les dents propres, l'haleine fraîche, les ongles nets. Et n'était pas coiffé en pétard...

Comme à l'hôpital, quoi !

Ça m'a laissée songeuse jusqu'au soir – où je suis retournée le voir, avec un petit paquet. (Je m'étais arrêtée à la supérette, en chemin).

– Un cadeau ? Pour moi ? s'est-il écrié quand je le lui ai donné. C'est encore la classe qui me l'envoie ?

J'ai souri.

– Non, c'est moi toute seule...

Il s'est empressé de l'ouvrir.

– Oh ! Une brosse à dents ! Du dentifrice ! Un peigne ! Une lime à ongles !

Dans ses yeux, j'ai lu qu'il avait compris le message.

– Merci, Fantine, a-t-il murmuré.

C'est juste après ça qu'on s'est embrassés pour la première fois. Embrassés vraiment, je veux dire. Comme dans mon rêve.

Eh bien, parole d'honneur, c'était encore meilleur !

Chapitre 10
Tout s'arrange !

Bientôt, Louis a pu revenir en classe. Comme j'avais peur qu'il ne s'en sorte pas avec ses béquilles, j'ai changé de place pour m'installer à côté de lui. C'était géant de passer nos journées l'un près de l'autre. Pendant les cours, on se copiait mutuellement, on se chuchotait des trucs dans le creux de l'oreille, on échangeait des petits billets pleins de mots d'amour. Et sur son plâtre, j'ai dessiné un cœur avec nos initiales : F.L.

Je ronronnais tellement sur mon petit nuage que je délaissais un peu Lola et Zoé. Normal : lorsqu'on est amoureuse, les copines trinquent toujours !

En plus, honnêtement, elles me déprimaient, ces deux-là. De vraies galères ! L'une, sapée comme un tromblon, qui pleurnichait à longueur de journée. L'autre qui n'arrêtait pas de bouder, n'ouvrant plus la bouche que pour critiquer la prof de maths. J'avais l'air de quoi, moi, à côté d'elles ? Mon bonheur ressemblait à de la provocation…

Du coup, quand on était ensemble, je me sentais obligée de faire la gueule, alors qu'intérieurement, je souriais aux anges. Mais elles n'étaient pas dupes de ma comédie, évidemment ! Bonjour le malaise !

Trois semaines, ça a duré.

Jusqu'au jour où Lola est arrivée au collège, du soleil plein les yeux.

– Ce soir, j'ai un casting ! a-t-elle annoncé à la cantonade.

Ça a provoqué un tollé général.

Tout le monde se pressait autour d'elle, l'interrogeait. Les « Qui ? Que ? Quoi ? Quand ? Comment ? » fusaient des quatre coins de la cour. Elle s'est empressée de nous raconter.

La veille, sur le chemin de l'école, un type d'une cinquantaine d'années l'avait accostée. Ou, plus exactement, il était tombé en arrêt devant elle, comme devant une apparition.

– How, ma pwincesse ! s'était-il écrié.

Son accent américain ayant, d'office, mis Lola en confiance, elle avait répondu :

– Quelle princesse ?

– Celle de mon film. Vous êtes twait pouw twait le pewsonnage que je wechewche !

En fait, il tournait un remake de *Vacances romaines* : une jeune princesse très conventionnelle, très nunuche, profite d'un voyage diplomatique en Italie pour fuguer. Durant son escapade, elle rencontre un séduisant journaliste qui, ignorant son identité, lui fait découvrir la ville… et l'amour. Il l'amène chez le coiffeur pour qu'elle coupe ses cheveux et lui offre des habits à la mode, si bien que lorsqu'elle regagne le palais deux jours plus tard, elle est méconnaissable. Grâce à son nouveau look, les princes se bousculent pour demander sa main. Mais elle leur préfère son beau journaliste italien…

– C'est à cause de ma dégaine que Steph m'a repérée, a conclu Lola. Il paraît que dans ce métier les actrices vraiment ringardes sont bien plus difficiles à trouver que les stars sexy !

Je vous laisse imaginer les commentaires ! En vrac :

– Des actrices ringardes ! N'importe quoi !

– Pourquoi pas des tronches de cake, tant que t'y es !

– Ce type s'est fichu de toi !

– Qui c'est, d'abord ? Un metteur en scène ? Un producteur ? Un agent ?

– Il est connu ?

Sans un mot, Lola a sorti une carte de visite de sa poche et l'a tendue à celui qui venait de parler (Théo). Il y a jeté un coup d'œil, et on a nettement vu ses yeux s'écarquiller.

– Stephen Bilibil ? a-t-il bredouillé.

Toute l'assistance a réagi au quart de tour.

– LE Stephen Bilibil ?

– Le GRAND Stephen Bilibil ?

– Celui qui a fait *Le Seigneur des grumeaux* ?

– *Alien 248* ?

– *Le Fabuleux Destin de Mélanie Lebœuf* ?

Lola a souri avec modestie.

– Lui-même !

Elle était métamorphosée. Radieuse. Et c'est là qu'on s'est aperçus que, comme la princesse du film, le bonheur la rendait vraiment très jolie. Malgré sa moche robe. Ou peut-être même… grâce à elle !

Le changement, chez Zoé, a été beaucoup moins spectaculaire. Il est venu progressivement, et de manière si subtile que ni Lola, ni moi, ne nous en sommes tout d'abord rendu compte. Sans doute étions-nous trop absorbées par notre propre bien-être pour nous préoccuper de ses états d'âme… Toujours est-il qu'un beau matin, pendant le cours de maths, la prof a demandé :

– Qui peut me dire ce qu'est le postulat d'Euclide ?

On s'est tous regardés comme si elle avait parlé grec, et un seul doigt s'est levé. Celui de Zoé.

L'asperge lui a souri.

– Oui ?

D'une traite (mais sans effort apparent), Zoé a sorti une phrase d'au moins dix lignes à laquelle personne n'a rien compris.

– Bravo ! s'est écriée la prof. Tu as parfaitement retenu ce que je t'ai expliqué hier !

C'est comme ça qu'on a su que Mlle Duglou

lui donnait des cours particuliers. Mais ce n'était pas ça le plus étonnant, non. Le plus étonnant a été sa réponse.

– Oui, maman… a-t-elle murmuré d'une voix toute douce.

Et son visage n'était plus ni grognon, ni tourmenté, mais aussi rayonnant qu'un matin de printemps.

Ça nécessitait une explication. Zoé ne s'est pas fait prier pour nous la donner.

– En classe, elle est peut-être chiante, Marie-Paule (tiens ? la Duglou se prénommait Marie-Paule ?), mais comme belle-mère, on ne peut pas trouver mieux. J'ai mis un certain temps avant de l'admettre, parce qu'au début je ne pouvais pas la blairer. Heureusement, elle ne m'a pas brusquée. Elle a attendu patiemment que je la découvre toute seule, que j'apprenne à l'apprécier…

On n'en revenait pas. Zoé, apprécier l'asperge ! C'était comme, je ne sais pas moi demander à un lion d'apprécier les carottes !

– En fait, depuis qu'elle habite chez nous, ma vie a complètement changé, a continué Zoé, sans tenir compte de notre stupeur. Mon père qui râlait sans arrêt est devenu a-do-ra-ble. On rit tout le temps, on part en week-end, on va au restau. Ou alors, on prépare des amuse-gueules, on met la musique à fond et on danse. La maison est toujours fleurie et le frigo plein – de mes yaourts préférés, je précise. En plus, Marie-Paule m'a augmenté mon argent de poche et – je gardais le meilleur pour la fin ! – bientôt, grâce à elle, j'aurai un petit frère ou une petite sœur.

L'histoire était si belle, et celle qui la narrait si convaincante, que j'en ai eu les larmes aux yeux. Quant à Lola, elle trépignait de joie :

– Finalement, tout s'arrange, pour nous ! Fantine est amoureuse, toi, non seulement la prof de maths ne te persécute plus mais tu as trouvé une vraie mère en elle, et moi, je suis presque célèbre…

– Ouais, tous nos vœux se sont réalisés, en mieux ! a approuvé Zoé. C'est vraiment magique !

Cette dernière phrase avait une résonance particulière, dans la bouche d'une ex-Zaripoteuse. Ça a fait « tilt » pour toutes les trois en même temps.

– Mais… a soufflé Lola.

– … alors… a ajouté Zoé.

– … les recettes ont fonctionné ! ai-je terminé.

C'était l'évidence même. Les recettes de *L'Almanach des sorcières* marchaient à cent pour cent. Simplement, au lieu d'agir de suite, pfuit, comme dans les contes de fées, elles faisaient effet doucement pour que ça ait l'air naturel.

Cette constatation nous a laissées pantoises.

En fait, nous étions vraiment des magiciennes.

Les plus grandes magiciennes du monde.

Et nous ne le savions pas…

Il y a eu un grand silence. Chacune d'entre nous digérait la nouvelle. Puis, d'une voix un peu tremblante, Lola a chuchoté :

– Zaripoteuses un jour…

– … Zaripoteuses toujours ! avons-nous répondu, Zoé et moi, en chœur.

Épilogue

Le crépuscule tombe sur la maison maudite. Dans le jardin en friche, que l'automne a dépouillé de ses feuilles, souffle un vent glacial. De gros nuages noirs bouillonnent à l'horizon.

Sur le ciel tourmenté se découpe la silhouette sinistre de la maison maudite.

Par l'une des fenêtres de la façade en ruine, dont la vitre cassée a été remplacée par un sac plastique scotché au chambranle, on distingue les lueurs pourpres d'un feu. Et autour de ce feu, trois silhouettes inquiétantes.

Les Zaripoteuses tiennent conseil.

Approchons-nous. Écoutons-les. L'une d'entre elles est debout face à ses compagnes. Les cinéphiles la reconnaîtront peut-être : il s'agit de la jeune vedette de *Vacances romaines 2 le retour*. Une adolescente hyper douée dont le talent a défrayé récemment la chronique. Elle serait même sélectionnée pour l'oscar du meilleur premier rôle.

– Mes amies, déclare-t-elle (et l'on sent tout de suite, au ton ferme de sa voix, qu'elle a l'habitude de s'exprimer en public), je vous ai réunies ce soir pour vous demander un service. J'aimerais que nous exercions à nouveau nos pouvoirs magiques.

Des applaudissements crépitent.

– Ouaiiiis !

– Bonne idée !

L'oratrice remercie d'un sourire avant de poursuivre :

– J'ai rencontré, sur le tournage du film, un acteur de mon âge, Nino Salmigondi, et j'en suis tombée amoureuse. Malheureusement, il ne s'intéresse pas à moi. Je souhaite donc, avec votre accord, confectionner un philtre d'amour pour le séduire…

– Pas de problème ! s'écrie l'une des deux jeunes filles, assise en tailleur à ses pieds. Mais pas ce soir, parce que je dois garder mon petit frère.

– Mercredi ? suggère sa voisine. Justement, je serai libre : Louis va chez le dentiste... On en profitera, si vous le voulez bien, pour pratiquer également l'envoûtement n° 2. Parce que, pour ma part, je voudrais bien me débarrasser de quelqu'un...

Deux paires d'yeux curieux se tournent vers elle.

– Ah ?

– Qui ?

– La grande Claire, qui depuis quelque temps s'intéresse un peu trop à mon mec.

Deux hochements de tête entendus l'approuvent.

– Dans la foulée, je serais intéressée par l'envoûtement n° 3, reprend la baby-sitter. J'ai vu dans la vitrine de chez Tip Top une robe ab-so-lu-ment géniale, mais ma belle-mère la trouve trop chère...

Une rafale de vent, en faisant claquer le plastique qui bouche la fenêtre, l'interrompt. La nuit, à présent, est tout à fait tombée. À travers les nuages apparaît puis disparaît la clarté blafarde d'un astre presque rond.

– Va pour mercredi, dit la jeune vedette. Ça tombe bien, ce sera justement la pleine lune.

– La nuit des sorcières…

– Et des sortilèges !

Elles se regardent. Se sourient. Et dans leurs yeux pleins de malice, l'espoir allume comme des milliers de petites étoiles.

La collec' des filles

À découvrir dans la même collection

Illustrations de Cécile Hudrisier

Chapitre 1
Zoé la timide

Je m'appelle Zoé. On ne peut pas faire plus court comme prénom. J'ai treize ans et toutes mes dents. Je suis assez grande, blonde aux yeux verts. Personne ne m'a jamais dit que je suis jolie depuis que je suis sortie de la maternelle. J'ai toujours été une bonne élève, sage et attentionnée au deuxième ou au troisième rang de la classe. J'ai grandi d'un seul coup et quelques vilains boutons sont apparus sur mon front. Ma mère me dit que c'est l'adolescence. Quelle plaie ! Mon frère Armel a dix-huit ans. Il a dépassé l'adolescence lui, et il se croit un tombeur de filles… Un jour, il m'a dit :

– Tu ressembles à un poulet, ma pauvre sœur !

Tu grandis mais tu ne te remplumes pas !

Mon frère est amoureux des formes rondes et n'arrête pas de me critiquer ! Ce n'est tout de même pas ma faute si j'ai du mal à grossir ! Je vais finir par me sentir vraiment mal dans ma peau si ça continue.

Quand Armel a ramené sa copine à la maison, j'ai enfin compris… Sa chérie s'appelle Carole et, dans le genre « belles formes rondes », elle est au top ! Carole a de si gros seins qu'elle peut aller au self sans avoir besoin de plateau pour ramener son repas ! Mon frère est peut-être aveuglé par ces deux bombes, mais moi je n'ai aucune envie de ressembler à Carole. Je préfère être plate et pouvoir regarder mes pieds !

À part ses deux seins, Carole a dix-huit ans, des yeux marrons et un joli visage. Elle suit les cours d'une école d'esthéticiennes et elle est sympa quand elle pense à autre chose qu'à embrasser mon frère…

Moi je n'ai pas de copain parce que je suis timide. Pourtant, je m'intéresse à l'amour. Je pleure toujours quand je vois de beaux films à la télévision ou au cinéma. Moi aussi, j'aimerais bien un « copain-copain » du genre yeux dans les yeux, main dans la main, qui vous chuchote « je t'aimeuh » devant un coucher de soleil…

Je connais une fille qui s'appelle Éléonore. Elle est dans ma classe et a déjà eu plein de copains-copains. C'est la tombeuse de mecs du collège : elle en affiche au moins CINQUANTE à son tableau de chasse ! Moi…, zéro.

Éléonore n'a peur de rien. On dirait qu'elle a autant de sentiment qu'un pitbull. Elle s'amuse à torturer les autres filles de la classe avec sa bande de groupies qui lui colle aux talons dès qu'elle fait un pas dans le collège. Elles ont toutes des noms pas possibles : Abigaïl, Marjorie et Radegonde. Éléonore les commande et les trois idiotes lui obéissent. Elles récupèrent aussi les garçons dont Éléonore ne veut plus.

C'est la politique du loup dominant qui mange d'abord avant de laisser ses restes à la meute.

Bien sûr, je ne fais pas partie de cette bande. Au contraire, je m'en éloigne le plus possible pour ne pas avoir à subir leurs mauvaises blagues. Mais un collège, c'est petit et on ne peut pas toujours faire ce que l'on veut…

Chapitre 2
Éléonore et compagnie

Aujourd'hui, je n'ai pas de chance... Alors que je me dirige vers la salle de technologie, le gang d'Éléonore me bloque le passage juste sous l'extincteur du couloir. Éléonore rigole :

– Eh Zoé ! On va décrocher l'extincteur pour te mettre à la place !

– Il faudra quand même la peindre en rouge, dit Abigaïl alors que Radegonde et Marjorie me considèrent comme si j'étais une ennemie en puissance.

– Laissez-moi passer !

Éléonore m'en empêche en levant son pied chaussé d'une botte à semelle surcompensée qu'elle appuie négligemment contre le mur.

– Minute, Zoé ! Si je prends la peine de te

parler, c'est que j'ai décidé de faire ton éducation.

– Ah oui ?

– Avec combien de mecs t'es sortie ?

Je rougis :

– Je ne sais pas…

Abigaïl, Marjorie et Radegonde éclatent de rire. Éléonore affiche un sourire cruel.

– Avec ton style asperge, tu ne dois pas faire de ravages. Tu es vraiment en retard, ma pauvre Zoé.

Les trois autres, la mine réjouie, se flanquent des coups de coude.

– Lâche-moi, Éléonore. Laisse-moi passer.

– Tu n'as pas répondu à ma question.

– Quelle question ?

– Celle sur les mecs avec lesquels tu es sortie. Combien ?

Il vaut mieux lui répondre avec précision car, lorsque Éléonore a quelqu'un dans le nez, sa vie au collège devient difficile.

– Je dois dire un nombre ?

Éléonore hoche la tête. Je décide d'être franche :

– Zéro.

Marjorie me regarde comme si j'étais une martienne. Radegonde et Abigaïl fixent Éléonore qui me brandit un index accusateur sous le nez :

– C'est bien ce que je pensais. Zoé, tu es une attardée mentale.

– Allez ! On se casse, lance Radegonde. Zoé va discuter avec l'extincteur. Il la comprendra mieux. Ils ont le même quotient intellectuel.

Éléonore les retient d'un ton sec :

– Restez là ! Je n'ai pas fini avec Zoé.

Ça promet ! Je commence à trouver le temps long.

Éléonore me contemple avec les boules luisantes de méchanceté qui lui servent d'yeux. Les trois autres filles sont au garde-à-vous, attendant un nouvel ordre comme de bons petits soldats.

– J'ai encore un mot à te dire, Zoé… Je vais faire ton éducation. Je t'invite à ma *rêve*.

Une *rêve* ? Qu'est-ce que c'est ?

Les complices s'exclament :

– T'es folle !

– Elle va casser l'ambiance !

– Tous les garçons vont se tirer.

Je serre les poings pour garder courage.

– Tu sais ce que c'est une *rêve*, Zoé ? me demande Éléonore.

– Heu…

– Elle ne sait pas ce que c'est ! hurle Radegonde.

– Elle a des excuses, murmure Éléonore. Zoé habite dans la campagne profonde. Il n'y a que les corbeaux qui peuvent aller chez elle. Je suis certaine que ses voisins meurent encore de la peste.

Je rougis encore plus :

– Je me fiche de tes rêves et de tes cauchemars !

Marjorie lève les yeux au ciel :

– Ça se prononce *rêve* mais ça s'écrit R-A-V-E ! Comme chou-rave, betterave, céleri-rave sauf que ce n'est pas un légume mais une fête ! dit-elle.

– C'est un mot anglais ! ajoute Abigaïl. Ça veut dire délire !

– Une rave, c'est une boum moderne ! Avec de la techno. Tu sais ce que c'est la techno, Zoé ?

Radegonde me prend vraiment pour une idiote. Elle serait ravie que je lui parle des cours de techno que M. Mécano nous fait depuis la sixième ! Mais je ne suis pas tombée de la dernière pluie, quand même. La techno c'est une musique qui me déchire les oreilles quand je zappe sur ma radio.

– Je ne suis pas une fan, dis-je du bout des lèvres.

– Je ne te demande pas ton avis, répond Éléonore. Tu devrais être contente que je te prenne sous mon aile protectrice comme les trois abruties que je traîne derrière moi depuis la rentrée.

– Grrrrr ! font les petits soldats en grinçant des dents.

– Ma rave est samedi prochain. Si tu ne veux pas être mon nouveau souffre-douleur, tu dois venir.

– On verra.

– C'est tout vu. Tu ne vas quand même pas te momifier dans ta campagne pourrie entre tes corbeaux et tes pestiférés qui sentent la bouse ? Il faut sortir de ta cambrousse.

Inutile d'essayer de convaincre Éléonore que la campagne c'est beau et ça sent bon. Je fais semblant de réfléchir. Éléonore retire sa botte.

– Allez les filles, on s'arrache. Le père Mécano va nous faire une grosse tête si nous arrivons en retard.

Ouf ! Le terrible quatuor s'éloigne en remuant le popotin.

Je me décolle du mur.

Qu'est-ce que je vais devenir ?

La collec' des filles

À découvrir dans la même collection

Illustrations de Lillycat

B comme « brume »

Il paraît que les gens ressemblent à leur chien. Si Mme Maurel en possédait un, ça serait un caniche car elle est frisée et mesure moins d'un mètre cinquante. Mais je ne sais pas si on lui a appris à faire tenir un morceau de sucre en équilibre sur le nez.

Immobile dans l'encadrement de la porte, elle n'entre pas tout de suite. Je peux distinguer une ombre derrière elle.

Des bavardages sourds se répandent de banc en banc. Un cours interrompu, c'est comme un point d'exclamation à la fin d'une phrase. Ça met de la vie…

Mme Maurel entre enfin. La silhouette qui lui emboîte le pas est celle d'un garçon. Une quinzaine d'années, cheveux bruns assortis aux yeux, lèvres fines, menton légèrement arrondi et pas un gramme d'acné. Avant même que la conseillère d'éducation ouvre la bouche, nous devinons tous qu'un nouvel élève est venu nous rejoindre. Ça ne l'empêche pas de l'annoncer d'une voix solennelle :

– Je vous présente Fabien Chêneau. Il vient de

Lyon et ne connaît personne dans la région. Je compte sur vous pour lui réserver le meilleur accueil.

Fabien n'a pas bougé. Raide, les bras figés le long du corps, il nous fixe sans esquisser le moindre mouvement. Je n'aimerais pas, comme lui, affronter ainsi la curiosité muette de vingt-cinq regards.

– *Sit down please*, lance le prof avant de traduire au cas où le nouvel arrivant serait aussi nul que moi en anglais. Asseyez-vous, s'il vous plaît.

Les yeux de Fabien font le tour de la classe. Il ignore la chaise vide qui trône devant l'estrade, ramasse son sac et se dirige vers le fond de la salle. M. Tiptoe reprend comme si rien ne s'était passé.

– *Number five, page thirty two. Be quiet please !*

Puis il rejoint Fabien et lui parle à voix basse pour le mettre au courant de notre progression. Moi, je ressors la première page de mon journal intime pour la compléter.

Je me sens comme un marin de Christophe Colomb, celui qui était perché au sommet du mât pour surveiller l'horizon. D'un coup, par-delà la brume de chaleur, se découpe la forme sombre d'un continent. Il ne sait pas que c'est l'Amérique, peut-être même qu'il ne le saura jamais. Mais il pointe le bras vers l'avant et s'écrie : « Terre ! Terre à bâbord ! »

Il y a beaucoup de fatigue dans sa façon de hurler. Beaucoup d'espoir aussi.

J'aurais dû me méfier. Pas gênée pour deux sous, Sophie lit par-dessus mon épaule. Elle chuchote :

– Elle a de beaux yeux ton Amérique. Mais elle n'a pas l'air très causante. À mon avis, tu n'as pas fini de ramer.

우송이
멀려가봤자

Mon cœur fait poum poum pour le DJ

Michel Amelin

Éléonore, la fille
la plus populaire du collège
m'a invitée à sa rave.
Enfin une occasion pour moi
de sortir de ma campagne !
Surtout que David,
le plus beau garçon du collège,
sera le DJ de la fête. Pourvu
qu'il lève les yeux de ses platines
et les pose sur moi...

Les Zaripoteuses

Gudule

Zoé cumule les mauvaises notes.
Lola mère de Lola refuse qu'elle
soit star quand elle sera grande.
Quant à moi je n'ai d'yeux
que pour Théo, un mélange
de Leonardo Di Carpaccio
et de Grégory Floux ;
mais il ne me voit pas.
Il faut que ça change ! C'est ainsi
qu'est né notre club secret de magie :
le club des Zaripoteuses...

L'alphabet de l'amour

Marc Séassau

F comme « Fabien »,
le nouvel élève qui vient d'arriver
au collège Frédéric-Mistral.
Cancre, silencieux et peu souriant,
le nouveau intrigue.
Marjorie est irrésistiblement attirée,
elle aimerait tant le connaître.
Que cachent la timidité
et les mauvaises notes
de ce garçon ?

Trois sœurs dans un appartement
Alice - Tome 3

Geneviève Senger

J'ai 15 ans, des copains
et des projets plein la tête.
C'est les vacances !
Avec mes sœurs nous partons
pour Barcelone. J'ai tant rêvé
de cette ville : les Ramblas,
les monuments de Gaudí...
Et puis il y a Julio pour nous guider.
Il est beau, j'ai l'impression qu'on
me regarde pour la première fois,
moi Alice.

La collec' des filles

Roseline au top !

Michel Amelin

Mon année avec des garçons impossibles

Michel Amelin

La Plus belle lettre d'amour

Geneviève Senger

Comment séduire un garçon en 10 leçons

Béatrice Rouer

Charmant capitaine

Michel Amelin

La Réparatrice des p'tits cœurs brisés

Gudule

Rêves de star

Un baiser de cinéma !

Béatrice Rouer

Photographe du cœur

Michel Amelin

Un garçon nommé Jardin Secret

Marie Mélisou

Trois sœurs dans un appartement

Lola - Tome 1

Marylou - Tome 2

Alice - Tome 3

Geneviève Senger

Rêves de star **La pub aux œufs d'or**

Elsa Devernois

L'amour au galop !

Michel Amelin

Mon cœur bric-à-brac

Michel Amelin

Mon cœur fait poum poum pour le DJ

Michel Amelin

Les Zaripoteuses

Gudule

L'alphabet de l'amour

Marc Séassau

www.editionslito.com

Lito
41, rue de Verdun 94500 Champigny-sur-Marne
Imprimé en UE
Loi n° 49-956 du 16 juillet 1949 sur les publications destinées à la jeunesse
Dépôt légal : avril 2006

Tu as terminé les aventures
de Fantine ?
Découpe maintenant le bracelet chance
de ce livre et noue-le à ton poignet
en faisant un voeu.
Il suffit que ton bracelet magique
se détache pour que ton souhait se réalise